देर कर देता हूँ मैं

देर कर देता हूँ मैं

मुनीर नियाज़ी

वाणी प्रकाशन

प्रकाशन के उत्कृष्टतम 61 वर्ष

सजिल्द पहला संस्करण : 2016
सजिल्द दूसरा संस्करण : 2024

vaniprakashan.com

वाणी प्रकाशन

4695, 21-ए, दरियागंज, नयी दिल्ली-110 002

फ़ोन : + 91 11 23273167, 23275710

शाखाएँ

अशोक राजपथ, पटना-800 004, बिहार

कॉफ़ी हाउस कैम्पस, महात्मा गांधी मार्ग, प्रयागराज-211 001, उत्तर प्रदेश

महात्मा गांधी अन्तरराष्ट्रीय हिन्दी विश्वविद्यालय, वर्धा-442 001, महाराष्ट्र

sales@vaniprakashan.in
vaniprakashan@gmail.com

Der Kar Deta Hoon Main
by Muneer Niyazi

ISBN : 978-93-5000-431-9

Ghazals

मूल्य : ₹ 425

एम.पी. प्रिंटर्स, नोएडा में मुद्रित

वाणी प्रकाशन का लोगो मक़बूल फ़िदा हुसेन की कूची से

भूमिका

आदत सी बना ली है तुमने तो 'मुनीर' अपनी
जिस शहर में भी रहना उकताए हुए रहना

जदीदीयत के ज़माने में 'मुनीर' का यह शे'र बहुत लोकप्रिय हुआ। कारण था ऊब, अहं, खिन्नता, निष्फलता, सन्त्रास और संशयपसन्दी की सर्वप्रियता और काव्य में उसका प्रकाशन-प्रचलन। इसी के चलते 'मुनीर' को भी तन्हाई, कुण्ठा और महानगरीय अभिशप्त अकेलेपन का शाइर समझ लिया गया। लेकिन 'मुनीर' ही की तरह 'मुनीर' का अकेलापन भी अलग था। यह अकेलापन अद्वितीय होने की बजाय दूसरों के अकेलेपन को सम्मान और उन्हें अकेले होने-रहने की स्वतन्त्रता देने की इच्छा का फल था, उनसे बेज़ारी के सबब नहीं। अकेलेपन का यह अन्दाज़ नया था तो 'मुनीर' को अजनबी समझा गया। लेकिन बहुत जल्द यह खुल गया कि यह 'अजनबी' 'स्ट्रेंजर' नहीं बल्कि 'इक इक बार सभी संगबीती' की जानी-पहचानी स्थितियों का शाइर है।

'मुनीर' हिज्र (वियोग) और हिज्रत (प्रवास) की ऐसी सन्धि-रेखा पर खड़े हैं जो रहस्यात्मक ढंग से कभी आदम की जन्नत से तो कभी मुनीर के होशियारपुर (भारत) से पाकिस्तान की हिज्रत हो जाती है। सूफ़ियों की शब्दावली में विसाल मौत का दूसरा नाम है और हिज्र जीवन या संसार वास का। लेकिन बक़ौल अहमद नदीम क़ासमी

'मुनीर' का तसव्वुफ़ मीर दर्द और असग़र गौण्डवी से बिल्कुल अलग है। दूसरे शब्दों में यह परम्परागत सूफ़ीवाद से भी भिन्न है। शायद यही सबब है कि उन्हें किसी भी तरह के वाद या नज़रिये से नहीं नापा-परखा जा सकता।

'मुनीर' की शाइरी में बनावट और बुनावट नहीं, सीधे-सीधे अहसास को अल्फ़ाज़ और ज़ज़्बे को ज़बान देने का अमल है। उनकी शाइरी का ग्राफ़ बाहर से अन्दर और अन्दर से अन्दर की तरफ़ है। एक ऐसी तलाश जो परेशान भी करती है और प्राप्य पर हैरान भी जो हर सच्चे और अच्छे शाइर का मुक़द्दर है। इसलिए उनकी तलाश का हासिल यह है :

बरसों से इस मकान में आया नहीं कोई
अन्दर है इसके कौन ये समझा नहीं कोई

–शीन काफ़ निज़ाम

अनुक्रम

ग़ज़लें

ग़ज़लें

इतने ख़ामोश भी रहा न करो
ग़म जुदाई में यूँ किया न करो

ख़्वाब होते हैं देखने के लिये
उन में जा कर मगर रहा न करो

कुछ न होगा गिला भी करने से
ज़ालिमों से गिला किया न करो

उन से निकलें हिकायतें[1] शायद
हर्फ़ लिख कर मिटा दिया न करो

अपने रुत्बे[2] का कुछ लिहाज़ 'मुनीर'
यार सब को बना लिया न करो

1. कहानियाँ, 2. श्रेष्ठता।

डरे हुओं को मगर एतबार किस का था
तमाम उम्र हमें इन्तज़ार किस का था

उड़ा ग़ुबार हवा से तो राह ख़ाली थी
वो कौन शख़्स था उस में, ग़ुबार किस का था

लिये फिरा जो मुझे दर-ब-दर ज़माने में
ख़याल तुझ को दिले-बेक़रार ! किस का था

रविश[1] से हट के बने इक मकाने-नौ[2] के क़रीब
वो ख़ूं था किस का, वो फूलों का हार किस का था

ये जब्रे-मर्गे-मुसल्सल[3] ही ज़िन्दगी है 'मुनीर'
जहाँ में इस पे कभी इख़्तियार किस का था

1. प्रचलन, 2. नये मकान, 3. निरन्तर मौत का अत्याचार।

ख़लिशे-बह्‌रे-दाइमी[1] न गयी
तेरे रुख़ से ये बेरुख़ी न गयी

पूछते हैं कि क्या हुआ दिल को
हुस्न वालों की सादगी न गयी

सर से सौदा गया मुहब्बत का
दिल से पर उस की बेकली न गयी

और सब की हिकायतें कह दें
बात अपनी कभी कही न गयी

हम भी घर से 'मुनीर' तब निकले
बात अपनों की जब सही न गयी

1. नित्य की अनबन।

साये घटते जाते हैं
जंगल कटते जाते हैं

कोई सख़्त वज़ीफ़ा[1] है
जो हम रटते जाते हैं

सूरज के आसार[2] हैं देखो
बादल छँटते जाते हैं

आस-पास के सारे मन्ज़र
पीछे हटते जाते हैं

देख 'मुनीर' बहार में गुलशन
रंग से अटते जाते हैं

---

1. क़ुरआन की किसी आयत का जप, 2. चिन्ह।

ख़मोशी ने सदा होना नहीं है
दरे-ज़िन्दां[1] को वा[2] होना नहीं है

यही सोचा मुसल्सल[3] ग़म में रह कर
हमें ग़म से रिहा होना नहीं है

मिला हूँ यूँ किसी गुलरुख़[4] से जैसे
कभी उस से जुदा होना नहीं है

परस्तिश[5] कर रहे हैं उन बुतों की
जिन्हें अपना ख़ुदा होना नहीं है

'मुनीर' इस ख़ूबसूरत ज़िन्दगी को
हमेशा एक-सा होना नहीं है

---

1. बन्दीगृह का दरवाज़ा, 2. खुलना, 3. निरन्तर, 4. सुन्दर चेहरे, 5. पूजा।

वो सामने भी आये तो देखा न कर उसे
गर वो बिछड़ भी जाये तो सोचा न कर उसे

इक बार जो गया सो गया भूल जा उसे
वो गुमशुदा ख़याल है पैदा न कर उसे

अब उस की बात ख़ाली है मानी[1] से ऐ 'मुनीर'
कहने दे जो वो कहता है रोका न कर उसे

---

1. अर्थ।

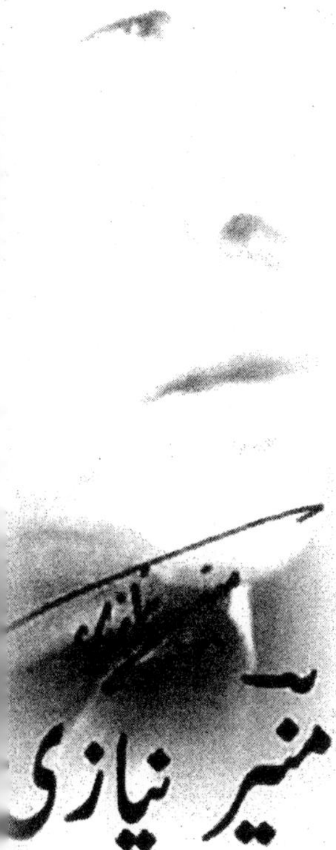

اشکِ رواں کی نہر ہے، اور ہم ہیں دوستو
اُس بے وفا کا شہر ہے، اور ہم ہیں دوستو

یہ اجنبی سی منزلیں، اور رفتگاں کی یاد
تنہائیوں کا زہر ہے، اور ہم ہیں دوستو

لائی ہے اب اُڑا کے گئے موسموں کی باس
برکھا کی رت کا قہر ہے، اور ہم ہیں دوستو

دل کو ہجومِ نکہتِ مہ سے لہو کیے
راتوں کا پچھلا پہر ہے، اور ہم ہیں دوستو

پھرتے ہیں مثلِ موجِ ہوا شہر شہر میں
آوارگی کی لہر ہے، اور ہم ہیں دوستو

آنکھوں میں اُڑ رہی ہے لٹی محفلوں کی دھول
عبرت سرائے دہر ہے، اور ہم ہیں دوستو

ग़म से लिपट ही जायेंगे ऐसे भी हम नहीं
दुनिया से कट ही जायेंगे ऐसे भी हम नहीं

दिन-रात बाँटते हैं हमें मुख़्तलिफ़[1] ख़याल
यूँ इन में बँट ही जायेंगे ऐसे भी हम नहीं

इतने सवाल दिल में हैं और वो ख़मोश दर
उस दर से हट ही जायेंगे ऐसे भी हम नहीं

हैं सख़्ती-ए-सफ़र[2] से बहुत तंग पर 'मुनीर'
घर को पलट ही जायेंगे ऐसे भी हम नहीं

---

1. भिन्न-भिन्न, 2. यात्रा की कठिनाई।

हरी टहनियों के नगर पर गये
हवा के परिन्दे शजर[1] पर गये

इक आसेबे-ज़र[2] इन मकानों में है
मकीं इस जगह के सफ़र पर गये

बहुत धुंद है और वो नक़्शे-क़दम
ख़ुदा जाने किस रहगुज़र पर गये

कि जैसे अभी था यहाँ पर कोई
गुमां कैसे ख़्वाबे-सहर[3] पर गये

कई रंग पैदा हुए बर्क़ से
कई अक्स[4] दीवारो-दर[5] पर गये

वही हुस्ने-दीवानागर[6] हर तरफ़
सभी रुख़ उसी के असर पर गये

'मुनीर' आज इतनी उदासी है क्यूँ
ये क्या साये से बह्रो-बर[7] पर गये

---

1. पेड़, 2. स्वर्ण-सोने का भूत, 3. सुब्ह का सपना, 4. प्रतिबिम्ब, 5. दीवार और दरवाज़ा, 6. मुग्ध कर देने/होने वाला सौन्दर्य, 7. जल और थल।

चमन में रंगे-बहार उतरा तो मैंने देखा
नज़र से दिल का ग़ुबार उतरा तो मैंने देखा

मैं नीमशब[1] आस्मां की वुसअत को देखता था
ज़मीं पे वो हुस्नज़ार[2] उतरा तो मैंने देखा

गली के बाहर तमाम मन्ज़र बदल गये थे
जो साया-ए-कू-ए-यार[3] उतरा तो मैंने देखा

ख़ुमारे-मय[4] में वो चेह्‌रा कुछ और लग रहा था
दमे-सह्‌र[5] जब ख़ुमार उतरा तो मैंने देखा

इक और दरिया का सामना था 'मुनीर' मुझ को
मैं एक दरिया के पार उतरा तो मैंने देखा

---

1. आधी रात, 2. सौन्दर्य-स्थल, 3. प्रेयसी की गली का साया, 4. शराब का ख़ुमार, 5. सुब्ह के वक़्त।

रंजे-फ़िराक़े-यार[1] में रुस्वा नहीं हुआ
इतना मैं चुप हुआ कि तमाशा नहीं हुआ

ऐसा सफ़र है जिस में कोई हमसफ़र नहीं
रस्ता है इस तरह का जो देखा नहीं हुआ

मुश्किल हुआ है रहना हमें इस दयार[2] में
बरसों यहाँ रहे हैं, ये अपना नहीं हुआ

वो काम शाहे-शह्र[3] से या शह्र से हुआ
जो काम भी हुआ है वो अच्छा नहीं हुआ

मिलना था एक बार उसे फिर कहीं 'मुनीर'
ऐसा मैं चाहता था, पर ऐसा नहीं हुआ

1. प्रेयसी के बिछोह का दुख, 2. बस्ती, दुनिया, 3. शहर के बादशाह-शासक।

और हैं कितनी मंज़िलें बाक़ी
जान कितनी है जिस्म में बाक़ी

ज़िन्दा लोगों की बूदो-बाश[1] में हैं
मुर्दा लोगों की आदतें बाक़ी

उस से मिलना वो ख़्वाब हस्ती में
ख़्वाब मादूम[2], हसरतें बाक़ी

बह गये रंगो-नूर[3] के चश्मे
रह गयीं उन की रंगतें बाक़ी

जिन के होने से हम भी हैं ऐ दिल !
शहर में हैं वो सूरतें बाक़ी

वो तो आ के 'मुनीर' जा भी चुका
इक महक-सी है बाग़ में बाक़ी

---

1. रहन-सहन-सभ्यता, 2. अस्तित्वहीन, 3. रंग और प्रकाश।

आ गयी याद शाम ढलते ही
बुझ गया दिल चिराग़ जलते ही

खुल गये शहरे-ग़म के दरवाज़े
इक ज़रा-सी हवा के चलते ही

कौन था तू कि फिर न देखा तुझे
मिट गया ख़्वाब आँख मलते ही

ख़ौफ़ आता है अपने ही घर से
माह शबताब[1] के निकलते ही

तू भी जैसे बदल-सा जाता है
अक्से-दीवार[2] के बदलते ही

ख़ून-सा लग गया है हाथों में
चढ़ गया ज़हर गुल मसलते ही

---

1. रात को रोशन करने वाला, 2. दीवार का प्रतिबिम्ब।

इक तेज़ तीर था कि लगा और निकल गया
मारी जो चीख़ रेल ने जंगल दहल गया

सोया हुआ था शहर किसी साँप की तरह
मैं देखता ही रह गया और चाँद ढल गया

ख़्वाहिश की गर्मियाँ थीं अजब उन के जिस्म में
ख़ूबां[1] की सोहबतों में मिरा ख़ून जल गया

थी शाम ज़हर रंग में डूबी हुई खड़ी
फिर इक ज़रा-सी देर में मन्ज़र[2] बदल गया

मुद्दत के बाद आज उसे देख कर 'मुनीर'
इक बार दिल तो धड़का मगर फिर सँभल गया

---

1. सुन्दरियों, 2. दृश्य।

ये बेसदा[1] संगो-दर[2] अकेले
उजाड़ सुनसान घर अकेले

चले जो पी के तो मस्तियों में
गये कहाँ बेख़बर अकेले

मुहीब[3] बन था चहार जानिब[4]
कटा था सारा सफ़र अकेले

हवा-सी रंगों में चल रही है
खड़े हैं वो बाम पर अकेले

है शाम की ज़र्द[5] धूप सर पर
हों जैसे दिन में नगर अकेले

'मुनीर' घर से निकल के हम भी
फिरे बहुत दर-ब-दर अकेले

---

1. निःशब्द, 2. पत्थर और दरवाज़ा, 3. धुँधला, 4. चारों तरफ़, 5. पीली।

अब्र[1] में बर्क़[2] के गुलज़ार दिखाते उस को
काश उस रात कभी जा के जगाते उस को

शहनशीनों[3] पे हवा फिरती है खोई-खोई
अब कहाँ हैं वो मकीं ये तो बताते उस को

वो जो पास आ के यूँ ही चुप-सा खड़ा रहता था
उस की तो ख़ू[4] थी यही तुम ही बुलाते उस को

ग़मगुसारी[5] की तलब थी ये मुहब्बत तो न थी
दर्द जब दिल में उठा था तो छिपाते उस को

फ़ायदा क्या है अगर अब वो मिले भी तो 'मुनीर'
उम्र तो बीत गयी राह पे लाते उस को

---

1. बादल, 2. बिजली, 3. बैठने की ऊँची इमारत, 4. स्वभाव, 5. सहानुभूति।

बेचैन बहुत फिरना घबराये हुए रहना
इक आग-सी ज़ज्बों की दहकाये हुए रहना

छलकाये हुए चलना ख़ुशबू लबे-लालीं[1] की
इक बाग़-सा साथ अपने महकाये हुए रहना

उस हुस्न का शेवा है जब इश्क़ नज़र आये
पर्दे में चले जाना शर्माये हुए रहना

इक शाम-सी कर रखना काजल के करिश्मे से
इक चाँद-सा आँखों में चमकाये हुए रहना

आदत-सी बना ली है तुम ने तो 'मुनीर' अपनी
जिस शहर में भी रहना उकताये हुए रहना

1. अधरों की लालिमा।

एक नगर ऐसा बस जाये जिस में नफ़रत कहीं न हो
आपस में धोखा करने की, ज़ुल्म की ताक़त कहीं न हो

उस के मकीं[1] हों और तरह के, मस्कन[2] और तरह के हों
उस की हवायें और तरह की, गुलशन और तरह के हों

1. निवासी, 2. घर।

कुछ अपने जैसे लोग मिलेंगे
इन रंग-बिरंगे शह्रों में

कोई अपने जैसी लह्र मिले
इन साँपों जैसी लह्रों में

कोई तेज़, नशीला ज़ह्र मिले
इतनी क़िस्मों के ज़ह्रों में

हम भी न घर से बाहर निकलें
इन सूनी दोपहरों में

खुली सड़क वीरान पड़ी थी
बहुत अजब थी शाम

ऊँचा क़द और चाल निराली
नज़रें ख़ूं आशाम[2]

सारे बदन पर मचा हुआ था
रंगों का कोहराम

लाल होंठ यूँ दहक रहे थे
जैसे लहू का जाम

ऐसा हुस्न था उस लड़की में
ठिठक गये सब लोग

कैसे ख़ुश-ख़ुश चले थे घर को
लग गया कैसा रोग

---

1. रास्ता, 2. रक्तपायी।

बिछड़ गये तो फिर भी मिलेंगे हम दोनों इक बार
या इस बस्ती दुनिया में या इस की हदों से पार

लेकिन ग़म है तो बस इतना जब हम वहाँ मिलेंगे
एक-दूसरे को हम कैसे तब पहचान सकेंगे
यही सोचते अपनी जगह पर चुप-चुप खड़े रहेंगे

इस से पहले भी हम दोनों कहीं ज़रूर मिले थे
ये पहचान के नये शगूफ़े पहले कहाँ खिले थे

या इस बस्ती दुनिया में या इस की हदों से पार
बिछड़ गये हैं मिल कर दोनों पहले भी इक बार

कमरे में ख़ामोशी है और बाहर रात बहुत काली है
ऊँचे-ऊँचे पेड़ों पर सियाही ने छावनी डाली है
तेज़ हवा कहती है पल में बरखा आने वाली है

वो सोलह सिंगार किये अपनी ही सोच में खोई हुई है
साँसों में वो गहरापन है जैसे बेसुध सोई हुई है
दिल में सौ अरमान हैं लेकिन मेरी सम्त निगाह नहीं है
यूँ बैठी है जैसे उस के दिल में किसी की चाह नहीं है

निगहत[1] की आँखों में गहरे राज़ों की कुछ बातें हैं
सात समन्दर पार के शह्रों की काली बरसातें हैं
दीवारों से लिपट-लिपट कर रोने वाली रातें हैं

निगहत के बिखरे बालों में सुख का ख़जाना मिलता है
दिल को अजब ख़यालों में रहने का बहाना मिलता है
एक गुलाबी फूल महक के तूफ़ानों में खिलता है
किसी पुरानी ख़्वाबगाह का रेशमी पर्दा हिलता है

1. सुगन्ध।

रंग-बिरंगे शीशों वाली खिड़की बन्द पड़ी है अब
वो लड़की जो उस में खड़ी लोगों को ख़्वाब दिखाती थी

काली-काली रातों में होंठों की शम्अ जलाती थी
तेज़ निगाहों की बिजली से सब के होश उड़ाती थी

दस्ते-हिनाई[1] के शोलों से चक़ में आग लगाती थी
अब वो दिलों से खेलने वाली लड़की तोहे बियाही गयी

सुनते हैं वो लड़की जाते वक़्त बहुत ही रोई थी
यूँ लगता था उस की कोई क़ीमती-सी शै[2] खोई थी

---

1. मेहँदी लगे हाथ, 2. वस्तु।

"अपने घर को वापस जाओ" रो रो कर समझाता है
जहाँ भी जाऊँ मेरा साया पीछे-पीछे आता है

उस को भी तो जा कर देखो, उस का हाल भी मुझ-सा है
चुप-चुप रह कर दुख सहने से तो इंसां मर जाता है

मुझ से मुहब्बत भी है उस को लेकिन ये दस्तूर है उस का
ग़ैर से मिलता है हँस-हँस कर मुझ से ही शर्माता है

कितने यार हैं फिर भी 'मुनीर' इस आबादी में अकेला है
अपने ही ग़म के नशे से अपना जी बहलाता है

आयी है अब याद क्या रात इक बीते साल की
यही हवा थी बाग़ में, यही सदा घड़ियाल की

महक अजब-सी हो गयी पड़े-पड़े सन्दूक़ में
रंगत फीकी पड़ गयी रेशम के रूमाल की

शहर में डर था मौत का, चाँद की चौथी रात को
ईंटों की उस खोह में दहशत थी भोंचाल की

शाम झुकी थी बहर पर, पागल हो कर रंग से
या तस्वीर थी ख़्वाब में, मेरे किसी ख़याल की

उम्र के साथ अजीब-सा बन जाता है आदमी
हालत देख के दुख हुआ, आज उस परी जमाल की

देख के मुझ को ग़ौर से, फिर वो चुप-से हो गये
दिल में ख़लिश है आज तक, उस अनकहे सवाल की

दिल अजब मुश्किल में है अब अस्ल रस्ते की तरफ़
याद पीछे खींचती है आस आगे की तरफ़

छोड़ कर निकले थे जिस को दश्ते-ग़ुर्बत[1] की तरफ़
देखना शामो-सह्‌र[2] अब घर के साये की तरफ़

है अभी आग़ाज़[3] दिन का इस दयारे-क़ैद[4] में
है अभी से ध्यान सारा शब के पहरे की तरफ़

सुब्ह की रोशन किरन घर के दरीचे पर पड़ी
एक रुख़ चमका हुआ मैं इस के शीशे की तरफ़

दूरियों से पुरकशिश[5] हैं मंज़िलें दोनों 'मुनीर'
मैं रवां[6] हूँ ख़्वाब में नापैद क़िर्ये[8] की तरफ़

1. परदेसी जंगल, 2. सुब्हो-शाम, 3. आरम्भ, 4. कारागृह, 5. आकर्षण से भरपूर, 6. गतिशील, 7. लुप्त, अप्राप्य, 8. गाँव, स्थान।

ज़ोर पैदा जिस्मो-जां[1] की नातवानी[2] से हुआ
शोर शह्रों में मुसल्सल[3] बेज़बानी से हुआ

देर तक की ज़िन्दगी की ख़्वाहिशें उस बुत को हैं
शौक़ उस को इन्तिहा का उम्रे-फ़ानी[4] से हुआ

मैं हुआ नाकाम अपनी बेयक़ीनी[5] के सबब
जो हुआ सब मेरे दिल की बदगुमानी से हुआ

है निशां मेरा भी शायद शश जिहात-दह्र[6] में
ये गुमां मुझ को ख़ुद अपनी बेनिशानी से हुआ

था 'मुनीर' आग़ाज़ ही से रास्ता अपना ग़लत
इस का अन्दाज़ा सफ़र की रायगानी[7] से हुआ

---

1. शरीर और प्राण, 2. निर्बलता, 3. निरन्तर, 4. नश्वर आयु, 5. अविश्वास, 6. छः दिशाओं वाला संसार, 7. व्यर्थता।

दश्त[1] बारां[2] की हवा से फिर हरा-सा हो गया
मैं फ़कत ख़ुशबू से उस की ताज़ा दम-सा हो गया

उस के होने से हुआ पैदा ख़याले-जांफ़िजा[3]
जैसे इक मुर्दा ज़मीं में बाग़ पैदा हो गया

फिर हवा-ए-इश्क़[4] से आशुफ़्तगी[5] ख़ूबां में है
इन दिनों में हुस्न भी आज़ार[6] जैसा हो गया

हैं कहीं महसूर[7] शायद वो हक़ीक़त अहद[8] की
जिस का रस्ता देखते इतना ज़माना हो गया

ग़मरुबा[9] है हाल कहना दिल का उस बुत से 'मुनीर'
जिस के ग़म में अपने दिल का हाल ऐसा हो गया

---

1. जंगल, 2. बारिश, 3. प्राणवर्द्धक विचार, 4. प्रेमवायु, 5. खिन्नता, 6. रोग, मुसीबत, 7. घिरी हुई, 8. युग, 9. पीड़ादायी।

ये लड़की जो इस वक़्त सरे-बाम[1] खड़ी है
उड़ता हुआ बादल है कि फूलों की लड़ी है

शर्माते हुए बन्दे-क़बा[2] खोले हैं उस ने
ये शब के अन्धेरों के महकने की घड़ी है

इक पैरहने-सुर्ख़[3] का जल्वा है नज़र में
इक शक्ल नगीने की तरह दिल में जड़ी है

खिलता था कभी जिस में तमन्ना का शगूफ़ा[4]
खिड़की वो बड़ी देर से वीरान पड़ी है

ताऊस[5] की आवाज़ से रोशन है शबे-तार[6]
सद नग़्म-ए-नाहीद[7] ये सावन की झड़ी है

---

1. अटारी, 2. वस्त्र की गिरह, 3. लाल परिधान, 4. कली, 5. मोर, 6. अंधेरी रात, 7. प्रेम भरे सैकड़ों गीत।

वो जो मेरे पास से हो कर किसी के घर गया
रेशमी मल्बूस[1] की ख़ुशबू से जादू कर गया

इक झलक देखी थी उस रू-ए-दिलआरा की कभी
फिर न आँखों से वो ऐसा दिलरुबा मन्ज़र गया

शह्र की गलियों में गहरी तीरगी गिर्यां[2] रही
रात बादल इस तरह आये कि मैं तो डर गया

थी वतन में मुन्तज़िर[3] जिस की कोई चश्मे-हसीं[4]
वो मुसाफ़िर जाने किस सह्रा में जल कर मर गया

सुब्हे-काज़िब[5] की हवा में दर्द था कितना 'मुनीर'
रेल की सीटी बजी तो दिल लहू से भर गया

---

1. लिबास, 2. रोती हुई, 3. प्रतीक्षित, 4. सुनयना, 5. सुब्ह का प्रथम प्रकाश जिसके बाद फिर अँधेरा हो जाता है।

हवा-ए-शौक़[1] के रंगीं दयार जलने लगे
हुई जो शाम तो छक्कड़ अजीब चलने लगे

नशेबे-दर[2] की महक रास्ते सुझाने लगी
फ़राज़े-बाम[3] के मह्ताब दिल में ढलने लगे

वहाँ रहे तो किसी ने भी हँस के बात न की
चले वतन से तो सब यार हाथ मलने लगे

अभी है वक़्त चलो चल के उस को देख आयें
न जाने शम्से-रवां[4] कब लहू उगलने लगे

'मुनीर' फूल-से चेह्रे पे अश्क ढलके हैं
कि जैसे लाल समे-रंग[5] से पिघलने लगे

1. अभिलाषा की लालसा, 2. द्वार की गहराई, 3. छत की ऊँचाई, 4. गतिमान सूर्य, 5. रंग का विष।

बादे-बहारे-ग़म[1] में वो आराम भी ना था
वो शोख़ आज शाम लबे-बाम[2] भी न था

दर्दे-फ़िराक़[3] ही में कटी सारी ज़िन्दगी
गरचे तिरा विसाल[4] बड़ा काम भी न था

रस्ते में एक भूली हुई शक्ल देख कर
आवाज़ दी तो लब पे कोई नाम भी न था

क्यूँ दश्ते-ग़म[5] में ख़ाक उड़ाता रहा 'मुनीर'
मैं जो क़तीले-हसरते-नाकाम[6] भी न था

---

1. दुःख की बसन्ती बयार, 2. छत के किनारे, 3. वियोग का दुःख, 4. मिलन, 5. दुःख का जंगल, 6. असफल इच्छाओं का मारा हुआ।

वक़्त से कहियो ज़रा कम-कम चले
कौन याद आया है आँसू थम चले

दम-ब-ख़ुद[1] क्यूँ है ख़िजां[2] की सल्तनत
कोई झोंका, कोई मौजे-ग़म[3] चले

चारसू[4] बाजें पलों की पायलें
इस तरह रक़्क़ास-ए-आलम[5] चले

देर क्या है आने वाले मौसमो
दिन गुज़रते जा रहे हैं, हम चले

किस को फ़िक्रे-गुम्बदे-क़स्रे-हबाब[6]
आबजू[7] पैहम चले, पैहम चले

---

1. मौन, चुप, 2. पतझड़, 3. दुःख की लहर, 4. चारों तरफ़, 5. संसार रुपी नर्तकी, 6. बुलबुले रुपी महल के गुम्बद (आस्मान) की चिन्ता, 7. नदी।

घुप अँधेरे में छिपे सूने बनों की ओर से
गीत बरखा के सुनो रंगों में डूबे मोर से

शाम होते ही दिलों की बेकली बढ़ने लगी
डर रही हैं गोरियाँ चलती हवा के ज़ोर से

रात के सुनसान गुम्बद में रची है रास-सी
पह्रेदारों की सदाओं के तिलिस्मी शोर से

लाख पलकों को झुकाओ, लाख घूँघट में छुपो
सामना होकर रहेगा दिल के मोहन चोर से

भाग कर जायें कहाँ इस देस से अब ऐ 'मुनीर'
दिल बँधा है प्रेम की सुन्दर, सजीली डोर से

फूल थे, बादल भी था और वो हसीं सूरत भी थी
दिल में लेकिन और ही इक शक्ल की हसरत भी थी

जो हवा में घर बनाये काश कोई देखता
दश्त में रहते थे पर तामीर[1] की आदत भी थी

कह गया मैं सामने उस के जो दिल का मुदआ
कुछ तो मौसम भी अजब था, कुछ मिरी हिम्मत भी थी

अजनबी शह्रों में रहते उम्र सारी कट गयी
गो ज़रा-से फ़ासले पर घर की हर राहत भी थी

क्या क़यामत है 'मुनीर' अब याद भी आये नहीं
वो पुराने आश्ना,[2] जिन से हमें उल्फ़त भी थी

1. निर्माण, 2. परिचित।

तुझ से बिछड़ कर क्या हूँ मैं, अब बाहर आ कर देख
हिम्मत है तो मेरी हालत आँख मिला कर देख

शाम है गहरी, तेज़ हवा है, सर पे खड़ी है रात
रस्ता गये मुसाफ़िर का अब दिया जला कर देख

दरवाज़े के पास आ आ कर वापस मुड़ती चाप
कौन है इस सुनसान गली में, पास बुला कर देख

शायद कोई देखने वाला हो जाये हैरान
कमरे की दीवारों पर कोई नक़्श बना कर देख

तू भी 'मुनीर' अब भरे जहाँ में मिल कर रहना सीख
बाहर से तो देख लिया अब अन्दर जा कर देख

देती नहीं अमां[1] जो ज़मीं आस्मां तो है
कहने को अपने दिल से कोई दास्तां तो है

यूँ तो है रंग ज़र्द मगर होंठ लाल हैं
सहरा की वुसअतों[2] में कहीं गुल्सितां तो है

इक चील एक मुमटी पे बैठी है धूप में
गलियाँ उजड़ गयी हैं मगर पासबां तो है

आवाज़ दे के देख लो शायद वो मिल ही जाय
वरना ये उम्र भर का सफ़र रायगां[3] तो है

मुझ से बहुत क़रीब है तू फिर भी ऐ 'मुनीर'
पर्दा-सा कोई मेरे तिरे दर्मियाँ तो है

---

1. संरक्षण, 2. विस्तार, 3. व्यर्थ।

सुन बस्तियों का हाल जो हद से गुज़र गयीं
उन उम्मत्तों[1] का ज़िक्र जो रस्तों में मर गयीं

कर याद उन दिनों को कि आबाद थीं यहाँ
गलियाँ जो ख़ाको-ख़ून की दहशत से भर गयीं

सरसर[2] की ज़द में आये हुए बामो-दर[3] को देख
कैसी हवायें कैसा नगर सर्द कर गयीं

क्या बाब थे यहाँ जो सदा से नहीं खुले
कैसी दुआएँ थीं जो यहाँ बेअसर गयीं

तन्हा उजाड़ बुर्जों में फिरता है तू 'मुनीर'
वो ज़रफ़िशानियाँ[4] तिरे रुख़ की किधर गयीं

---

1. किसी विशेष अवतार या पैग़म्बर को मानने वाले समुदाय, 2. तेज़ हवा, 3. छत और दरवाज़ा, 4. सोना बरसाना।

ग़ैरों से मिल के ही सही, बेबाक[1] तो हुआ
बारे[2] वो शोख़[3] पहले से चालाक तो हुआ

जी ख़ुश हुआ है गिरते मकानों को देख कर
ये शहर ख़ौफ़े-ख़ुद[4] से जिगर चाक तो हुआ

ये तो हुआ कि आदमी पहुँचा है माह[5] तक
कुछ भी हुआ, वो वाक़िफे-अफ़लाक[6] तो हुआ

कुछ और वो हुआ न हुआ मुझ को देख कर
बादे-बहारे-हुस्न[7] से ग़मनाक तो हुआ

इस कश्मकश में हम भी थके तो हैं ऐ 'मुनीर'
शहरे-ख़ुदा[8] सितम से मगर पाक तो हुआ

---

1. निडर, 2. अन्ततः, 3. चंचल, प्रेयसी, 4. स्वयं का भय, 5. चाँद, 6. आस्मानों से परिचित, 7. सौन्दर्य की बसन्ती बयार, 8. ईश्वर का नगर।

थके लोगों को मजबूरी में चलते देख लेता हूँ
मैं बस की खिड़कियों से ये तमाशा देख लेता हूँ

कभी दिल में उदासी हो तो उन में जा निकलता हूँ
पुराने दोस्तों को चुप-से बैठे देख लेता हूँ

छिपाते हैं बहुत वो गर्मी-ए-दिल को, मगर मैं भी
गुले-रुख़[1] पर उड़ी रंगत के छींटे देख लेता हूँ

खड़ा हूँ यूँ किसी ख़ाली क़िले के सह्ने-वीरां[2] में
कि जैसे मैं ज़मीनों में दफ़ीने[3] देख लेता हूँ

'मुनीर' अन्दाज़ा-ए-क़अरे-फ़ना[4] करना हो जब मुझ को
किसी ऊँची जगह से झुक के नीचे देख लेता हूँ

---

1. चेहरे का गुलाब, 2. उजाड़ आँगन, 3. गड़ा हुआ ख़ज़ाना, 4. नश्वरता के कुएँ की गहराई का अनुमान।

सारे मन्ज़र एक जैसे, सारी बातें एक-सी
सारे दिन हैं एक से और सारी रातें एक-सी

बेनतीजा[1] बेसमर[2] जंगो-जदल[3] सूदो-ज़ियां[4]
सारी जीतें एक जैसी, सारी मातें एक-सी

सब मुलाक़ातों का मक़्सद कारोबारे-ज़रगरी[5]
सब की दहशत एक जैसी, सब की घातें एक-सी

अब किसी में अगले वक़्तों की वफ़ा बाक़ी नहीं
सब क़बीले एक हैं अब, सारी ज़ातें एक-सी

एक ही रुख़ की असीरी[6] ख़्वाब है शहरों का अब
उन के मातम एक-से, उन की बरातें एक-सी

---

1. परिणामहीन, 2. फलरहित, 3. लड़ाई-झगड़ा, 4. लाभ-हानि, 5. सुनार का व्यवसाय, 6. बाध्यता।

शाम के मस्कन[1] में वीरां मैकदे का दर खुला
बाब[2] गुज़री सोहबतों का ख़्वाब के अन्दर खुला

कुछ न था जुज़[2] ख़्वाबे-वहशत[4] वो वफ़ा उस अहद[5] की
राज़ इतनी देर का इस उम्र में आ कर खुला

जगमगा उट्ठा अँधेरे में मिरी आहट से वो
ये अजब उस बुत का मेरी आँख पर जौहर खुला

बन में सरगोशी[6] हुई आसारे-अब्रो-बाद[7] से
बन्दे-ग़म[8] से जैसे इक अश्जार[9] का लश्कर खुला

सब्ज़ा-ए-नौरुस्ता[10] की ख़ुशबू थी साहिल पर 'मुनीर'
बादलों का रंग छतरी की तरह सर पर खुला

---

1. मकान, 2. द्वार, 3. सिवा, 4. उन्माद का स्वप्न, 5. बचन, युग, 6. कानाफूसी, 7. हव और बादल के लक्षण, 8. दुःख की गिरह, 9. पेड़ो, 10. नये उगे हुए पौधे।

पड़े अक्स आ कर नज़र पर कई
दिया एक था, उस के मन्ज़र कई

खुला तह-ब-तह[1] नीलगूं आस्मां
मकां एक था, उस के अन्दर कई

बहुत दूर जा कर मिला वो मुझे
कि दर एक था और पसे-दर[2] कई

कई रंग पैदा हुए बर्क़ से
पड़े अक्स दीवारो-दर में कई

उठा माबदों[3] से अगर[4] का धुँआ
हुए बाग़ उस से मुअम्बर[5] कई

हवा शाम की आहे-आवारा थी
हिले उस से ग़म के समन्दर कई

बहुत ख़ाक उड़ने लगी हर तरफ़
कि जैसे सफ़र में हों लश्कर कई

---

1. परत-परत, 2. छिपे दरवाज़े, 3. उपासना गृह, 4. अगरबत्ती, 5. अम्बर, एक सुगन्धित पदार्थ से सुवासित।

सुख़न[1] ऐसा किस ने किया शहर में
नगर में थे यूँ तो सुख़नवर[2] कई

'मुनीर' इन दिनों से परेशां न हो
कि दिन इन से गुज़रे हैं अब्तर[3] कई

1. काव्य, 2. कवि, शाइर, 3. दुर्दशाग्रस्त।

कैसी-कैसी बेसमर[1] यादों के हालों[2] में रहे
हम भी इतनी ज़िन्दगी कैसे वबालों में रहे

इक नज़रबन्दी का आलम थी नगर की ज़िन्दगी
क़ैद में रहते थे जब तक शह्र वालों में रहे

हम अगर होते तो मिलते तुझ से भी जाने-जहाँ[3]
ख़्वाब थे, नापैद[4] दुनिया के मलालों[5] में रहे

वो चमकना बर्क़ का दश्तो-दरो-दीवार[6] पर
सारे मन्ज़र एक पल उस के उजालों में रहे

क्या थीं वो बातें जो कहना चाहते थे वक़्ते-मर्ग[7]
आख़िरी दम यार अपने किन ख़यालों में रहे

दूर तक मस्कन[8] थे बन उन की सदाओं के 'मुनीर'
देर तक उन नारियों के ग़म शिवालों में रहे

---

1. फल रहित, 2. घेरों में, 3. प्रेमिका, 4. अप्राप्य, 5. पश्चात्तापों, 6. दीवार, दरवाज़ा और जंगल, 7. मृत्यु के समय, 8. रहने का स्थान।

मैं सुन रहा हूँ उसे, जो सुनाई देता नहीं
मैं देखता हूँ उसे, जो दिखाई देता नहीं

बहुत क़याम[1] की ख़्वाहिश सफ़र में आती है
तिलिस्मे-शामे-ग़रीबां[2] रिहाई देता नहीं

है शौक़े-अन्जुमन आराई[3] हुस्न को भी, मगर
मजाल उस को ग़मे-रुनुमाई[4] देता नहीं

विसाले-अर्ज़ो-समा[5] का समां[6] है जैसे कोई
अँधेरा इतना हुआ, कुछ सुझाई देता नहीं

'मुनीर' खोल दे बढ़ कर दरे-दयारे-निदा[7]
ख़मोश रहता है क्यूँ अब दुहाई देता नहीं

---

1. थोड़े दिनों के वास, 2. सफ़र की शाम का मायाजाल, 3. महफ़िल की शोभा बढ़ाने की अभिलाषा, 4. मुँह दिखाई का दुःख, 5. धरती और आकाश के मिलन, 6. दृश्य, 7. आवाज़ के नगर का द्वार।

कोई हद नहीं है कमाल की
कोई हद नहीं है जमाल[1] की

वही क़ुर्बो-दूर[2] की मंज़िलें
वही शाम ख़्वाबों-ख़याल[3] की

न मुझे ही उस का पता कोई
न उसे ख़बर मिरे हाल की

ये जवाब मेरी सदा का है
कि सदा है उस के सवाल की

ये नमाज़े-अस्र[4] का वक़्त है
ये घड़ी है दिन के ज़वाल[5] की

वो क़यामतें जो गुज़र गयीं
थीं अमानतें कई साल की

है 'मुनीर' तेरी निगाह में
कोई बात गहरे मलाल की

---

1. सौन्दर्य, 2. निकटता और दूरी, 3. ऐसी बातें जो सिर्फ़ स्वप्न में नज़र आयीं, 4. सूर्यास्त से पहले की नमाज़, 5. ह्रास, पतन।

ये कैसा नश्शा है, मैं किस अजब ख़ुमार में हूँ
तू आ के जा भी चुका है, मैं इन्तज़ार में हूँ

मकां है क़ब्र, जिसे लोग ख़ुद बनाते हैं
मैं अपने घर में हूँ या किसी मज़ार में हूँ

दरे-फ़सील[1] खुला, या पहाड़ सर से हटा
मैं अब गिरी हुई गलियों के मर्गज़ार[2] में हूँ

बस इतना होश है मुझ को कि अजनबी हैं सब
रुका हुआ हूँ सफ़र में, किसी दयार में हूँ

मैं हूँ भी और नहीं भी, अजीब बात है ये
ये कैसा जब्र है मैं जिस के इख़्तियार में हूँ

'मुनीर' देख शजर[3], चाँद और दीवारें
हवा ख़िजां[4] की है सर पर, शबे-बहार[5] में हूँ

---

1. परकोटे का द्वार, 2. चरागाह, गोचर, 3. पेड़, 4. पतझड़, 5. बसन्त की रात।

बारिशों में उस से जा के मिलने की हसरत कहाँ
कूकने दो कोयलों को, अब मुझे फ़ुर्सत कहाँ

जी तो कहता है कि उस को साथ ही रखें मगर
अपने पास उस हुस्ने-ऐशअंगेज़[1] की क़ीमत कहाँ

तल्ख़[2] उस को कर दिया अरबाबे-क़िर्या[3] ने बहुत
वरना इक शाइर के दिल में इस क़दर नफ़रत कहाँ

रोक सकते थे उसे हम इब्तिदा[4] के दौर में
अब हमें दीवानगी-ए-शहर[5] पर क़ुदरत कहाँ

देखता हूँ हर तरफ़, शायद दिखाई दे कभी
पर फ़राख़े-दश्त[6] में आदम की वो सूरत कहाँ

एक मन्ज़िल ये भी थी ख़्वाबों की वरना ऐ 'मुनीर'
मैं कहाँ और इस दयारे-ग़ैर[7] की ग़ुर्बत[8] कहाँ

---

1. भोग विलास करने वाली प्रेयसी, 2. कटु, 3. गाँव वालों, 4. आरम्भ, 5. नगर के पागलपन, 6. जंगल के विस्तार, 7. अपरिचित नगर, 8. परदेस, दरिद्रता।

डर के किसी से छिप जाता है जैसे साँप ख़ज़ाने में
ज़र[1] के ज़ोर से ज़िन्दा हैं सब ख़ाक के इस वीराने में

जैसे रस्म अदा करते हों शहरों की आबादी में
सुब्ह को घर से दूर निकल कर शाम को वापस आने में

नीले रंग में डूबी आँखें खुली पड़ी थीं सब्ज़े पर
अक्स पड़ा था आस्मान का शायद इस पैमाने में

दबी हुई है ज़ेरे-ज़मीं[2] इक दहशत गुंग सदाओं की
बिजली-सी कहीं लरज़ रही है किसी छिपे तहख़ाने में

दिल कुछ और भी सर्द हुआ है शामे-शह्र की रौनक़ से
कितनी ज़िया[3] बेसूद[4] गयी शीशे के लफ़्ज़ जलाने में

मैं तो 'मुनीर' आईने में ख़ुद को तक कर हैरान हुआ
ये चेहरा कुछ और तरह था पहले किसी ज़माने में

---

1. सोने, 2. धरती के नीचे, 3. ज्योति, आभा, 4. निरर्थक।

शहर, परबत, बहरो-बर[1] को छोड़ता जाता हूँ मैं
इक तमाशा हो रहा है, देखता जाता हूँ मैं

होश उड़ता जा रहा है गर्मी-ए-रफ़्तार[2] में
देखता जाता हूँ मैं और भूलता जाता हूँ मैं

अब्र[3] है अफ़्लाक[4] पर और इक सरासीमा क़मर[5]
एक दश्ते-रायगां[6] में दौड़ता जाता हूँ मैं

हूँ मकां में बन्द, जैसे इम्तिहां में आदमी
सख़्ती-ए-दीवारो-दर है, झेलता जाता हूँ मैं

शौक़ हैं कुछ जिन के पीछे चल रहा हूँ मैं 'मुनीर'
रंज हैं कुछ दिल में मेरे, खींचता जाता हूँ मैं

---

1. सम्पूर्ण संसार, 2. चाल की तीव्रता, 3. बादल, 4. आकाश का बहुवचन, 5. आतुर चाँद, 6. निरर्थक जंगल।

शाने-हुनर[1], कलामे-सुख़नवर[2] भी कुछ नहीं
इज़्ज़े-फ़क़ीरो-किब्रे-तवंगर[3] भी कुछ नहीं

बुनियाद कुछ नहीं है किसी शै की इस जगह
इस शह्र में बहा-ए-सिकन्दर[4] भी कुछ नहीं

रिश्ता रिवायतों से भी बाक़ी नहीं रहा
आइन्दा के सफ़र के उफ़क़[5] पर भी कुछ नहीं

शामे-फ़िराक़े-याद वही, दश्तेदर[6] वही
दरिया-ए-ग़म के पार का मन्ज़र भी कुछ नहीं

लाहासिली[7] ही शह्र की तक़दीर है 'मुनीर'
बाहर भी घर से कुछ नहीं, अन्दर भी कुछ नहीं

---

1. कला का वैभव, 2. कवि का काव्य, 3. संन्यासी की नम्रता और धनाढ्य की बड़ाई, 4. सिकन्दर का मूल्य, 5. क्षितिज, 6. जंगल और दरवाज़ा, 7. निःसारता।

लाज़िम नहीं कि उस को भी मेरा ख़याल हो
जो मेरा हाल है, वही उस का भी हाल हो

कुछ और दिलगुदाज़[1] हों इस शह्‌रे-संग में
कुछ और पुरमलाल,[2] हवा-ए-मलाल[3] हो

बातें तो हों कि कुछ तो दिलों की ख़बर मिले
आपस में अपने कुछ तो जवाबो-सवाल हो

रहते हैं आज जिस में जिसे देखते हैं हम
मुम्किन है ये गुज़िश्ता का ख़्वाबो-ख़याल हो

सब शोर शह्‌रे-ख़ाक[4] का है क़ुर्बे-आब[5] से
पानी न हो तो शह्‌र का जीना मुहाल हो

मादूम[6] होती जाती हुई शै[7] है ये जहाँ
हर चीज़ इस की जैसे फ़ना की मिसाल हो

कोई ख़बर ख़ुशी की कहीं से मिले 'मुनीर'
इस रोज़ो-शब में ऐसा भी इक दिन कमाल हो

---

1. मन को द्रवित करने वाला, 2. दुःख भरा, 3. पश्चात्ताप की चर्चा, 4. मिट्‌टी का नगर, 5. पानी की निकटता, 6. लुप्त, 7. वस्तु।

साया-ए-क़स्रे-यार[1] में बैठा
मैं था अपने ख़ुमार में बैठा

उस का आना था ख़्वाब में आना
मैं अबस[2] इन्तज़ार में बैठा

कोई सूरत नहीं है उस जैसी
उस को देखो हज़ार में बैठा

उस को ख़ुशबू से ख़ौफ़ आता है
वहम क्या ज़ह्ने-यार[3] में बैठा

हम भी रस्तों में फिर रहे थे 'मुनीर'
वो भी था रहगुज़ार में बैठा

---

1. प्रेयसी के महल की छाँव, 2. व्यर्थ, 3. प्रेयसी की समझ।

बेख़याली में यूँ ही बस इक इरादा कर लिया
अपने दिल के शौक़ को हद से ज़ियादा कर लिया

जानते थे दोनों हम इस को निभा सकते नहीं
उस ने वादा कर लिया मैंने भी वादा कर लिया

ग़ैर से नफ़रत जो पा ली ख़र्च ख़ुद पर हो गयी
जितने हम थे हम ने ख़ुद को आधा उस से कर लिया

शाम के रंगों में रख कर साफ़ पानी का गिलास
आबे-सादा[1] को हरीफ़े-रंगे-बादा[2] कर लिया

हिज्रतों[3] का ख़ौफ़ था या पुरकशिश कुहना मुक़ाम[4]
क्या था जिस को हम ने ख़ुद दीवारे-जादा[5] कर लिया

एक ऐसा शख़्स बनता जा रहा हूँ मैं 'मुनीर'
जिस ने ख़ुद पर बन्द हुस्नो-जामो-बादा[6] कर लिया

---

1. स्वच्छ पानी, 2. मदिरा के रंग का प्रतिद्वन्द्वी, 3. प्रवासों, 4. आकर्षक पुराना स्थान, 5. पगडंडी की दीवार, 6. मदिरा और मदिरापात्र का सौन्दर्य।

कुछ वक़्त बाद उस से जो नफ़रत हुई मुझे
इस से नयी तरह की मसर्रत[1] हुई मुझे

है शरहो-बस्ते-ख़्वाबे-जुनूँ[2] इक मुहाल[3] काम
मत पूछिये जो उस में अज़ीयत हुई[4] मुझे

नस्लों का फ़ास्ला है मिरे उन के दर्मियाँ
इस वक़्त जिन बुतों से मुहब्बत हुई मुझे

सौ पुश्त से था पेशा-ए-आबा सिपहगिरी
कुछ शाइरी ज़रीय-ए-इज़्ज़त हुई मुझे[5]

कोई तो है 'मुनीर' जिसे फ़िक्र है मिरी
ये जान कर अजीब-सी हैरत हुई मुझे

---

1. प्रसन्नता, 2. उन्माद के स्वप्न की व्याख्या, 3. दुष्कर, 4. यातना, तकलीफ़, 5. उर्दू के प्रसिद्ध शाइर मिर्ज़ा ग़ालिब के शेर को अपनी ग़ज़ल में इस्तेमाल किया है। ग़ालिब का शेर यह है-

"सौ पुश्त से है पेशा-ए-आबा सिपहगिरी
कुछ शाइरी ज़रीय-ए-इज़्ज़त नहीं मुझे"

जिसका अर्थ यह है कि मेरे पूर्वज सौ पीढ़ियों से सिपाही (यानी तलवार) का कार्य करते रहे हैं। शाइरी मेरे लिए प्रतिष्ठा का माध्यम नहीं है।

ज़िन्दा रहें तो क्या है जो मर जायें हम तो क्या
दुनिया से ख़ामुशी से गुज़र जायें हम तो क्या

हस्ती[1] ही अपनी क्या है ज़माने के सामने
इक ख़्वाब हैं जहाँ में बिखर जायें हम तो क्या

अब कौन मुन्तज़िर[2] है हमारे लिए वहाँ
शाम आ गयी है लौट के घर जायें हम तो क्या

दिल की ख़लिश[3] तो साथ रहेगी तमाम उम्र
दरिया-ए-ग़म[4] के पार उतर जायें हम तो क्या

---

1. अस्तित्व, 2. प्रतीक्षित, 3. टीस, 4. दुःख का सागर।

मेरी सारी ज़िन्दगी को बेसमर[1] उस ने किया
उम्र मेरी थी मगर उस को बसर उस ने किया

मैं बहुत कमज़ोर था इस मुल्क में हिज्रत[2] के बाद
पर मुझे इस मुल्क में कमज़ोरतर उस ने किया

राहबर[3] मेरा बना गुमराह करने के लिए
मुझ को सीधे रास्ते से दर-ब-दर उस ने किया

शह्र में वो मौतबर[4] मेरी गवाही से हुआ
फिर मुझे इस शह्र में नामौतबर उस ने किया

शह्र को बर्बाद कर के रख दिया उस ने 'मुनीर'
शह्र पर ये ज़ुल्म मेरे नाम पर उस ने किया

1. निष्फल, 2. प्रवास, 3. पथ प्रदर्शक, 4. विश्वस्त।

दिल का सफ़र बस एक ही मंज़िल में बस नहीं
इतना ख़याल उस का हमें इस बरस नहीं

देखो गुले-बहार[1] असर दश्ते-शाम[2] में
दीवारो-दर कोई भी कहीं पेशो-पस[3] नहीं

आया नहीं यक़ीन बहुत देर तक हमें
अपने ही घर का दर है ये बाबे-क़फ़स[4] नहीं

ऐसा सफ़र है जिस की कोई इन्तिहा नहीं
ऐसा मकां है जिस में कोई हमनफ़स[5] नहीं

आयेगी फिर बहार इसी शह्र में 'मुनीर'
तक़दीर इस नगर की फ़क़त ख़ारो-ख़स[6] नहीं

1. बसन्त का फूल, 2. शाम का जंगल, 3. आगे-पीछे, 4. पिंजरे का दरवाज़ा, 5. साथी, 6. कूड़ा और घास।

जो मुझे भुला देंगे मैं उन्हें भुला दूँगा
सब ग़ुरूर उन का मैं ख़ाक में मिला दूँगा

देखता हूँ सब शक्लें सुन रहा हूँ सब बातें
सब हिसाब उन का मैं एक दिन चुका दूँगा

रोशनी दिखा दूँगा इन अन्धेर नगरों में
इक हवा ज़ियाओं[1] की चारसू चला दूँगा

बेमिसाल क़िर्यों[2] के बेकिनार बाग़ों के
अपने ख़्वाब लोगों के ख़्वाब में दिखा दूँगा

मैं 'मुनीर' जाऊँगा एक दिन उसे मिलने
उस के दर पे जा के मैं एक दिन सदा दूँगा

---

1. प्रकाश, 2. गाँव।

सुब्हे-ख़न्दां[1] ग़मे-शबाना[2] था
वो हक़ीक़त था या फ़साना था

उस को देखा न उस से बात हुई
रब्त[3] जितना था ग़ायबाना[4] था

हम ने वो वज़्अ[5] जो बना ली थी
उस से मिलने का इक बहाना था

उस तरफ़ याद थी अज़ीमो-कबीर[6]
दर्मियां में बहुत ज़माना था

हम भी आये 'मुनीर' हस्ती[7] में
रस्म थी इक जिसे निभाना था

---

1. सुब्ह की हँसी, 2. प्रत्येक रात का दुःख, 3. सम्बन्ध, 4. परोक्ष, 5. रंग-ढंग, 6. श्रेष्ठ और महान, 7. संसार।

दिल को हाले-क़रार[1] में देखा
ये करिश्मा बहार में देखा

जिस को चाहा ख़ुमार में चाहा
जिस को देखा ग़ुबार में देखा

ख़्वाहिशों को बहुत हवा देना
वस्फ़[2] ये हम ने यार में देखा

इक बशर[3] में कई बशर देखे
जुज़-ओ-कुल[4] के हिसार[5] में देखा

जब से देखा है इस ज़मीं को 'मुनीर'
क़ैदे-लैलो-निहार[6] में देखा

1. चैन की स्थिति, 2. गुण, 3. आदमी, 4. सम्पूर्णता, 5. इहाता, 6. रात-दिन का बन्धन।

वक़्त है दायम[1] हिज्रत[2] का
एक मुसल्सल[3] फ़ुर्क़त[4] का

ज़ुल्म ही आये रास उसे
शह्र है आदी दहशत का

कोई काम की बात करें
ये लम्हा है फ़ुर्सत का

दिन ही इक बेसूद[5] सफ़र
शब है पड़ाव ग़ुर्बत[6] का

यार 'मुनीर' चलो देखें
ख़्वाब इक नयी हक़ीक़त का

---

1. हमेशा, नित्य, 2. प्रवास, 3. लगातार, 4. जुदाई, 5. निरर्थक, 6. परदेस।

किस तरफ़ जाना है मुझ को कौन-सा रस्ता है वो
कितनी सम्तों रो रहा है किस तरफ़ हँसता है वो

मंज़िले-मौहूम[1] है और ख़्वाब हैं चारों तरफ़
कितने पर्दों से परे है किस जगह रहता है वो

मैं समझ भी पाऊँगा उस की ज़बां, गर मिल गया
क्या छिपा है उस के अन्दर और क्या कहता है वो

मुश्किलों से दूर है अपने मकाने-दौर में
या हमारी ही तरह की मुश्किलें सहता है वो

एक दरिया-ए-फ़ना[2] है उस की हस्ती[3] ऐ 'मुनीर'
ख़ाक उड़ती है वहाँ पर जिस जगह बहता है वो

1. भ्रममूलक गन्तव्य, 2. मृत्यु का सागर, लुप्त सागर, 3. अस्तित्व।

फिर सुब्ह की हवा में जी में मलाल[1] आये
जिस से जुदा हुए थे उस का ख़याल आये

उस उम्र में ग़ज़ब था उस घर का याद रहना
जिस उम्र में घरों से हिज्रत[2] के साल आये

अच्छी मिसाल बनतीं ज़ाहिर अगर वो होतीं
उन नेकियों को हम तो दरिया में डाल आये

जिन का जवाब शायद मंज़िल पे भी नहीं था
रस्ते में अपने दिल में ऐसे सवाल आये

कल भी था आज जैसा वरना 'मुनीर' हम भी
वो काम आज करते कल पर जो टाल आये

---

1. पश्चात्ताप, 2. प्रवास।

और भी क़िस्से हैं जिन को दास्तां करता नहीं
और भी कुछ ग़म हैं जिन को मैं बयां करता नहीं

राज़ हैं जिन का अमीं हूँ मैं ही बस इस दौर में
इस ख़बर का मैं किसी को राज़दां करता नहीं

जो हुनर जिस में नहीं है मुद्दई उस का है वो
कोई अपनी अस्ल को अपना निशां करता नहीं

सब्र इक ताक़त है मेरी सख़्ती-ए-अय्याम[1] में
इस सिफ़त[2] से आदमी ग़म में फ़ुग़ां[3] करता नहीं

इश्क़ करता हूँ बुताने-शह्र[4] से मैं भी 'मुनीर'
मैं मगर इस शौक़ में जी का ज़ियां[5] करता नहीं

1. कठिनाई के दिन, 2. गुण, 3. आर्तनाद, 4. नगर की सुन्दरियाँ, 5. अनिष्ट।

नाम बेहद थे मगर उन का निशां कोई न था
बस्तियाँ ही बस्तियाँ थीं पासबां[1] कोई न था

क्या बला की शाम थी सुब्हों, शबों के दर्मियाँ
और मैं उन मंज़िलों पर था जहाँ कोई न था

हर मकां इक राज़ था अपने मकीनों[2] के सबब
रिश्ता मेरे और जिन के दर्मियाँ कोई न था

था वहाँ मौजूद कोई बामो-दर[3] के उस तरफ़
ख़ामोशी थी इस क़दर जैसे वहाँ कोई न था

कूकती थी बंसरी चारों दिशाओं में 'मुनीर'
पर नगर में इस सदा का राज़दां कोई न था

1. निरीक्षक, द्वारपाल, 2. मकान में रहने वाले, 3. छत और दरवाज़ा।

महफ़िल आरा[1] थे मगर फिर कमनुमा[2] होते गये
देखते ही देखते हम क्या से क्या होते गये

नाशनासी[3] दह्र[4] की तन्हा हमें करती गयी
होते-होते हम ज़माने से जुदा होते गये

मुन्तज़िर[5] जैसे थे दर शह्रे-फ़िराक़ आसार[6] के
इक ज़रा दस्तक हुई दर दम में वा[7] होते गये

हर्फ़ पर्दापोश थे इज़्हारे-दिल[8] के बाब[9] में
हर्फ़ जितने शह्र में थे हर्फ़े-ला[10] होते गये

वक़्त किस तेज़ी से गुज़रा रोज़मर्रा में 'मुनीर'
आज कल होता गया और दिन हवा होते गये

---

1. महफ़िल की शोभा बढ़ाने वाला, 2. कम दिखाई देने वाला, 3. अपरिचितता, 4. संसार, काल, 5. प्रतीक्षित, 6. वियोग के लक्षण वाला नगर, 7. खुलना, 8. मन की अभिव्यक्ति, 9. सम्बन्ध, 10. ला-नहीं, हर्फ़े-ला=नकारने का शब्द अथवा अक्षर।

عادت ہی بنا لی ہے تم نے تو منیر اپنی
جس شہر میں بھی رہنا اکتائے ہوئے رہنا

منیر نیازی

۴/۱۲/۸۳

साअते-हिज्रां[1] है अब कैसे जहानों में रहूँ
किन इलाक़ों में बसूँ मैं किन मकानों में रहूँ

एक दश्ते-लामकां[2] फैला है मेरे हर तरफ़
दश्त से निकलूँ तो जा कर किन ठिकानों में रहूँ

इल्म है जो पास मेरे किस जगह अफ़्शा[3] करूँ
या अबद[4] तक इस ख़बर के राज़दानों में रहूँ

वस्ल[5] की शामे-सियह[6] उस से परे आबादियाँ
ख़्वाब दायम है यही मैं जिन ज़मानों में रहूँ

ये सफ़र मालूम का मालूम तक है ऐ 'मुनीर'
मैं कहाँ तक इन हदों के क़ैदख़ानों में रहूँ

---

1. वियोग का क्षण, 2. मकान रहित जंगल, 3. प्रकट करना, 4. सृष्टि का अन्तिम दिन, 5. मिलन, 6. अँधेरी शाम।

ग़म की बारिश ने भी तेरे नक़्श को धोया नहीं
तूने मुझ को खो दिया, मैंने तुझे खोया नहीं

नींद का हल्का गुलाबी-सा ख़ुमार आँखों में था
यूँ लगा जैसे वो शब को देर तक सोया नहीं

हर तरफ़ दीवारो-दर और उन में आँखों के हुजूम
कह सके जो दिल की हालत वो लबे-गोया[1] नहीं

जुर्म आदम ने किया और नस्ले-आदम को सज़ा
काटता हूँ ज़िन्दगी भर मैंने जो बोया नहीं

जानता हूँ एक ऐसे शख़्स को मैं भी 'मुनीर'
ग़म से पत्थर हो गया लेकिन कभी रोया नहीं

---

1. बोलने वाले होंठ।

हँसी छिपा भी गया और नज़र मिला भी गया
ये इक झलक का तमाशा जिगर जला भी गया

उठा, तो जा भी चुका था, अजीब मेहमां था
सदायें दे के मुझे नींद से जगा भी गया

ग़ज़ब हुआ जो अँधेरे में जल उठी बिजली
बदन किसी का तिलिस्मात[1] कुछ दिखा भी गया

न आया कोई लबे-बाम,[2] शाम ढलने लगी
वफ़ूरे-शौक़[3] से आँखों में ख़ून आ भी गया

हवा थी, गहरी घटा थी, हिना की ख़ुशबू थी
ये एक रात का क़िस्सा लहू रुला भी गया

चलो 'मुनीर' चलें, अब यहाँ रहें भी तो क्या
वो संगदिल तो यहाँ से कहीं चला भी गया

---

1. मायाजाल, 2. छत के किनारे, 3. अभिलाषा का आधिक्य।

इस शहरे-संगदिल को जला देना चाहिए
फिर इस की ख़ाक को भी उड़ा देना चाहिए

मिलती नहीं पनाह हमें जिस ज़मीन पर
इक हश्र[1] उस ज़मीं पे उठा देना चाहिए

हद से गुज़र गयी है यहाँ रस्मे-क़ाहिरी[2]
इस दह्‌र को अब इस की सज़ा देना चाहिए

इक तेज़ रअद[3] जैसी सदा हर मकान में
लोगों को उन के घर में डरा देना चाहिए

गुम हो चले हो तुम तो बहुत ख़ुद में ऐ 'मुनीर'
दुनिया को कुछ तो अपना पता देना चाहिए

---

1. हंगामा, 2. अत्याचार का रिवाज, 3. बिजली की कड़क।

सफ़र में है जो अज़ल[1] से ये वो बला ही न हो
किवाड़ खोल के देखो, कहीं हवा ही न हो

निगाहे-आइना[2] मालूम, अक्स[3] नामालूम
दिखाई देता है जो अस्ल में छिपा ही न हो

ज़मीं के गिर्द भी पानी, ज़मीं की तह में भी
ये शह्र जम के खड़ा है जो तैरता ही न हो

न जा कि इस से परे दश्ते-मर्ग[4] हो शायद
पलटना चाहें वहाँ से तो रास्ता ही न हो

मैं इस ख़याल से जाता नहीं वतन की तरफ़
कि मुझ को देख के उस बुत का जी बुरा ही न हो

कटी है जिस के ख़यालों में उम्र अपनी 'मुनीर'
मज़ा तो जब है कि उस शोख़ को पता ही न हो

---

1. सृष्टि का आरम्भ, 2. दर्पण की दृष्टि, 3. प्रतिबिम्ब, 4. मौत का जंगल।

अपनी ही तेग़े-अदा[1] से आप घायल हो गया
चाँद ने पानी में देखा और पागल हो गया

वो हवा थी शाम ही से रस्ते ख़ाली हो गये
वो घटा बरसी कि सारा शह्‌र जल-थल हो गया

मैं अकेला और सफ़र की शाम रंगों में ढली
फिर ये मन्ज़र मेरी नज़रों से भी ओझल हो गया

अब कहाँ होगा वो और होगा भी तो वैसा कहाँ
सोच कर ये बात जी कुछ और बोझल हो गया

हुस्न की दहशत अजब थी वस्ल की शब में 'मुनीर'
हाथ जैसे इन्तहा-ए-शौक़[2] से शल[3] हो गया

---

1. हाव-भाव की तलवार, 2. उत्कंठा का चरम, 3. शिथिल।

एक सादा और आसां ज़िन्दगी का रास्ता
और कुछ दिन देखते हैं, उस घड़ी का रास्ता

शहर के अन्दर कहीं होता तो उस को देखते
शहर के बाहर है शायद, उस परी का रास्ता

मंज़िले-आरामे-जां[1] के हर तरफ़ मौजूद है
इक मुसल्सल मांदगी[2] और ख़स्तगी[3] का रास्ता

देर तक चलते रहे और चलते-चलते थक गये
ख़त्म होने में न आया गुमरही का रास्ता

उस तरफ़ आग़ाज़ करते हैं सफ़र का, ऐ 'मुनीर'
जिस तरफ़ है शहरे-जानां[4] और ख़ुशी का रास्ता

---

1. मन की शान्ति का स्थान, 2. थकावट, 3. बदहाली, 4. प्रेयसी का नगर।

किताबे-उम्र[1] का इक और बाब[2] ख़त्म हुआ
शबाब[3] ख़त्म हुआ इक अज़ाब[4] ख़त्म हुआ

हुई निजात[5] सफ़र में फ़रेबे-सहरा[6] से
सराब[7] ख़त्म हुआ इज़्तिराब[8] ख़त्म हुआ

बरस के खुल गया बादल हवा-ए-शब[9] की तरह
फ़लक[10] पे बर्क़[11] का वो पेचो-ताब[12] ख़त्म हुआ

जवाबदेह[13] न रहा मैं किसी के आगे 'मुनीर'
वो इक सवाल और उस का जवाब ख़त्म हुआ

---

1. आयु-पुस्तक, 2. अध्याय, 3. यौवन, 4. पाप का दंड, 5. छुटकारा, 6. रेगिस्तान का भ्रम, 7. मृगतृष्णा, 8. बेचैनी, 9. रात की हवा, 10. आकाश, 11. बिजली, 12. बल खाना और चमकना, 13. उत्तरदायी।

जमाले-यार[1] का दफ़्तर रक़म[2] नहीं होता
किसी जतन[3] से भी ये काम कम नहीं होता

तमाम उजड़े ख़राबे हसीं नहीं होते
हर इक पुराना मकां क़स्रे-जम[4] नहीं होता

तमाम उम्र रहे-रफ़्तगां[5] को तकती रहे
किसी निगाह में इतना तो दम नहीं होता

यही सज़ा है मिरी अब जो मैं अकेला हूँ
कि मेरा सर तिरे आगे भी ख़म नहीं होता

वो बेहिसी[6] है मुसल्सल[7] शिकस्ते-दिल[8] से 'मुनीर'
कोई बिछड़ के चला जाये ग़म नहीं होता

---

1. प्रेयसी का सौन्दर्य, 2. लिखित, 3. प्रयत्न, तरकीब, 4. ईरान के प्रसिद्ध बादशाह जमशेद का महल, 5. गुज़रे हुए लोगों की राह, 6. संवेदनहीनता, 7. निरन्तर, 8. टूटे दिल।

रात इतनी जा चुकी है और सोना है अभी
इस नगर में इक ख़ुशी का ख़्वाब बोना है अभी

क्यूँ दिया दिल उस बुते-कमसिन[1] को ऐसे वक़्त में
दिल-सी शै[2] जिस के लिये बस इक खिलौना है अभी

ऐसी यादों में घिरे हैं जिन से कुछ हासिल नहीं
और कितना वक़्त इन यादों में खोना है अभी

जो हुआ होना ही था सो हो गया है दोस्तो!
दाग़ इस अहदे-सितम[3] का दिल से धोना है अभी

हम ने खिलते देखना है फिर ख़याबाने-बहार[4]
शहर के अत्राफ़[5] की मिट्टी में सोना है अभी

बैठ जायें साया-ए-दामाने-अहमद[6] में 'मुनीर'
और फिर सोचें वो बातें जिन को होना है अभी

---

1. अवयस्क प्रेयसी, 2. वस्तु, 3. अत्याचार के समय, 4. वसन्त उद्यान, 5. चारों ओर, 6. हज़रत मुहम्मद के दामन का साया।

उगा सब्ज़ा[1] दरो-दीवार[2] पर आहिस्ता-आहिस्ता
हुआ ख़ाली सदाओं से नगर आहिस्ता-आहिस्ता

घिरा बादल ख़मोशी से ख़िजां आसार[3] बाग़ों पर
हिले ठंडी हवाओं में शजर[4] आहिस्ता-आहिस्ता

बहुत ही सुस्त था मन्ज़र लहू के रंग लाने का
निशां आख़िर हुआ ये सुर्ख़तर[5] आहिस्ता-आहिस्ता

चमक ज़र[6] की उसे आख़िर मकाने-ख़ाक[7] में लायी
बनाया नाग ने जिस्मों में घर आहिस्ता-आहिस्ता

मिरे बाहर फ़सीलें[8] थीं ग़ुबारे-ख़ाको-बारां की
मिली मुझ को तिरे ग़म की ख़बर आहिस्ता-आहिस्ता

'मुनीर' इस मुल्क पर आसेब[9] का साया है या क्या है
कि हरकत तेज़तर है और सफ़र आहिस्ता-आहिस्ता

---

1. हरियाली, 2. दरवाज़ा और दीवार, 3. पतझड़ के लक्षण, 4. पेड़, 5. अत्यधिक लाल, 6. सोना, माल, 7. मिट्टी का घर, 8. परकोटे, 9. प्रेतबाधा।

रिदा[1] इस चमन की उड़ा ले गयी
दरख़्तों के पत्ते हवा ले गयी

जो हर्फ़ अपने दिल के ठिकानों में थे
बहुत दूर उन को सदा ले गयी

चला मैं सऊबत[2] से पुर[3] राह पर
जहाँ तक मुझे इन्तिहा[4] ले गयी

गयी जिस घड़ी शामे-सह्रे-वफ़ा[5]
मनाज़िर[6] से इक रंग-सा ले गयी

निशां इक पुराना किनारे पे था
उसे मौजे-दरिया बहा ले गयी

'मुनीर' इतना हुस्न उस ज़माने में था
कहाँ उस को कोई बला ले गयी

---

1. चादर, 2. कठिनता, 3. भरी हुई, 4. चरम सीमा, 5. प्रेम निर्वहन के भोर की साँझ, 6. दृश्यों।

पी ली तो कुछ पता न चला वो सुरूर[1] था
वो उस का साया था कि वही रश्के-हूर[2] था

कल मैंने उस को देखा तो देखा नहीं गया
मुझ से बिछड़ के वो भी बहुत ग़म से चूर था

रोया था कौन-कौन मुझे कुछ ख़बर नहीं
मैं उस घड़ी वतन से कई मील दूर था

शामे-फ़िराक़[3] आयी तो दिल डूबने लगा
हमको भी अपने आप पे कितना ग़ुरूर था

चेह्रा था या सदा थी किसी भूली याद की
आँखें थीं उस की यारो कि दरिया-ए-नूर[4] था

निकला जो चाँद, आयी महक तेज़-सी 'मुनीर'
मेरे सिवा भी बाग़ में कोई ज़रूर था

---

1. आनन्द, 2. अप्सराओं को लजाने वाला, 3. जुदाई की शाम, 4. उजाले की नदी।

नज़्में

साये

किसी साये का नक़्श गहरा नहीं है
हरिक साया इक आँख है
जिस में इशरत कदों[1], नारसा[2] ख़्वाहिशों
अनकही दिलनशीं दास्तानों का मेला लगा है
मगर आँख का सिह्र
पलकों की चिलमन की हल्की-सी जुम्बिश है
और कुछ नहीं है
किसी आँख का सिह्र[3] दायम नहीं है

हरिक साया
चलती हवा का पुर इसरार[4] झोंका है
जो दूर की बात से
दिल को बेचैन कर के चला जायेगा
हर कोई जानता है
हवाओं की बातें कभी देर तक रहने वाली नहीं हैं
किसी आँख का सिह्र दायम नहीं है
किसी साये का नक़्श गहरा नहीं है

---

1. रंगभवनों, 2. जिनकी पहुँच नहीं हो, 3. जादू, 4. मर्म से भरा।

मैं और वो

रोज़े-अज़ल[1] से वो भी मुझ तक आने की कोशिश में है
रोज़े-अज़ल से मैं भी उस से मिलने की कोशिश में हूँ
लेकिन मैं और वो...हम दोनों
अपनी-अपनी शक्लों जैसे लाखों गोरखधन्धों में
चुप-चुप और हैरान खड़े हैं
कौन है "मैं"
और कौन है "तू"
बस इसी दर्द में खोये हुए हैं
सुब्ह को मिलने वाले समझें
जैसे ये तो रोये हुए हैं

---

1. सृष्टि का पहला दिन।

एक दूर उफ़्तादा पुराना क़स्बा

ऊँची-ऊँची दीवारों वाले नीम[1] आबाद मुहल्ले
की सुनसान गलियों,
कम अफ़राद[2] वाले कुशादा[3] चौक से निकल कर
दोनों इकट्ठे चल रहे हैं
बच्चा माँ की पनाह में है
माँ बच्चे की पनाह में है
बच्चा माँ की तरफ़ मुस्कुरा कर देखता है
और दोनों आगे बढ़ जाते हैं
स्कूल की तरफ़, बाज़ार की तरफ़
और आगे की सैरगाहों की तरफ़

---

1. आधा, 2. लोगों, 3. चौड़े।

मुझे किसी से कुछ छिपाना है

मुझे किसी से कुछ छिपाना है
अपनी बीवी से जो मुझ पर यक़ीन रखती है
जैसे वो अपने ख़ुदा पर यक़ीन रखती है
अपने बच्चों से जो अभी पैदा नहीं हुए
अपने ख़ुदा से जो सब कुछ देख रहा है

मुझे किसी से कुछ छिपाना है
मैं ऐसा क्यूँ करता हूँ
मैं क्यूँ किसी से कुछ छिपाता हूँ
क्या ये आदत मुझे ग़ैर महफ़ूज़[1] गुज़री नस्लों ने विरासत में दी है
क्या मैं अपने आस-पास बसते हुए लोगों के रददे-अमल[2] में
ऐसा हो गया हूँ
या फिर कोई और वज्ह होगी

---

1. असुरक्षित, 2. प्रतिक्रिया।

एक मुसल्सल[1]

मैं एक अकेला आदमी हूँ
कभी तादाद में ज़ियादा हो जाता हूँ
कभी फिर अकेला
मैं क़स्बे, शहर, रहने की जगहें
ऐसी बना लेता हूँ जिन में मैं ख़ुश रहूँ
रास्ते में इमली, जामुन, नीम और
इस क़िस्म के दूसरे पेड़ों से गुज़र कर
मानूस[2] घरों, बैठकों
शनासा[3] चेहरों का एक एक मन्ज़र सजा लेता हूँ
उस में रहता हूँ, उस में फिरता हूँ, बैठता हूँ
फिर कहता हूँ' "अच्छा चलता हूँ", बहुत देर हो गयी है
कल फिर इसी जगह मिलेंगे
या फिर किसी और जगह..."

1. निरन्तरता, 2. परिचित, 3. जाने-पहचाने।

कैसे ख़्वाब में आँखें खोलीं

कैसे ख़्वाब में आँखें खोलीं
कैसे बन को देखा
मन में ओझल कोयल बोली
कैसे तन को देखा
कैसी शाम ये बूँदें बरसीं
किस सावन को देखा
सब से छिप कर आँखें रोयीं
किस दरपन को देखा

कोई ओझल दुनिया है

लम्हा-लम्हा रोज़मर्रा ज़िन्दगी के साथ है
एक लम्हा जो किसी ऐसे जहाँ की ज़िन्दगी का हाथ है
जिस में मैं रहता नहीं जिस में कोई रहता नहीं
जिस में कोई दिन नहीं है रात का पहरा नहीं
जिस में सुनता ही नहीं कोई न कोई बात है
रोज़मर्रा ज़िन्दगी से यूँ गुज़रता है कभी
साथ ले जाता है गुज़री उम्र के हिस्से सभी
जो बसर अब तक हुआ उस को ग़लत करता हुआ
और ही इक ज़िन्दगी से आश्ना करता हुआ
जो गुमां तक में न था उस को दिखा जाता हुआ
वहम तक जिस का न था उस वक़्त को लाता हुआ
फिर चला जाता है अपने अस्ल के आसार में
और हम मसरूफ़[1] हो जाते हैं फिर
अपने रोज़ो-शब[2] के कारोबार में

1. व्यस्त, 2. रात-दिन।

सो जाओ, आराम करो

सो जाओ, आराम करो
तुम जो इतने दुखी रहे हो
सो जाओ, आराम करो
अब ख़ुशियों को अपने दिल में मेहमां बन कर आने दो
दिल को जलाने वाले ज़ालिम अन्देशों को जाने दो
वो जो तुम्हारे मन में बसी थी
उसी नारी ने अब तो तुम से मिलने का इक़रार किया है

घर बनाना चाहता हूँ

घर बनाना चाहता हूँ मेरा घर कोई नहीं
दामने-कुहसार[1] में या साहिले-दरिया[2] के पास
ऊँची-ऊँची चोटियों पर सरहदे-सह्‌रा[3] के पास
मुतफ़िक़[4] आबादियों में, वुसअते-तन्हा[5] के पास
रोज़े-रोशन[6] के किनारे या शबे-यलदा[7] के पास
इस परेशानी में मेरा राहबर कोई नहीं
ख़्वाहिशें ही ख़्वाहिशें हैं और हुनर कोई नहीं
घर बनाना चाहता हूँ मेरा घर कोई नहीं

1. पहाड़ियों के आँचल, 2. नदी के किनारे, 3. जंगल की सीमा, 4. समान राय रखने वाली, 5. एकान्त के विस्तार, 6. उज्ज्वल दिन, 7. साल की सबसे लम्बी रात, जिसे अशुभ मानते हैं।

रंग-रंगीले पंखों वाले पंछी होते

रंग-रंगीले पंखों वाले पंछी होते
जब सावन का महीना आता
काली घोर घटायें लाता
बूँदों के संग रास रचाते
डाल-डाल पर शोर मचाते
हरे-हरे पत्तों में सोते
रंग-रंगीले पंखों वाले पंछी होते

फिर फूलों की रुत आ जाती
सारे जग में रंग जमाती
कली-कली से नैन मिलाते
फूलों का मुख चूमने जाते
ख़ुशबूओ में सुध-बुध खोते
फिर इक ऐसी रुत भी होती
बुझने लगती जीवन ज्योति
ठंडी हवाओ में उड़ जाते
किसी जतन से हाथ न आते
दूर देस में बैठ के रोते
रंग-रंगीले पंखों वाले पंछी होते

जंग के साये में जन्नते-अर्ज़ी का ख़्वाब

कभी जामुन की शाख़ों में
कभी फ़र्शे-ज़मर्रुद[1] पर
ये गुलदम गा रही है रागिनी अहदे-मुहब्बत[2] की
खुली, चटियल ज़मीनों से
ग़ुबारे-शाम में उड़ती
सदायें घर को वापस आ रहे मसरूर[3] लोगों की
उफ़क़[4] तक खेत सरसों के
गुलाब और सब्ज़ गंदुम के
हवेली के शजर पर शोर चिड़ियों के चहकने का
अजब हैरानियाँ-सी हैं
मकानों और मकीनों में
कि मौसम आ रहा है गाँव के जंगल महकने का

1. हरे रंग के रत्न-पन्ने के बिछौने, 2. प्रेम-वचन, 3. प्रफुल्लित, 4. क्षितिज।

एक दुआ जो मैं भूल गया था

इक ताइरे-मसर्रत[1]
उड़ कर किसी शजर से
आ बैठा मेरे घर पर
तेरी सदा-ए-ख़ुश[2] से
ख़ुश हो ये घर हमारा
देखे ख़ुशी से इस को
ग़मग़ीन शहर सारा

1. आनन्द का पक्षी, 2. हर्ष की ध्वनि।

उस दिन

मेरी बात के जवाब में
उस ने भी बात की
उस के बात करने के अन्दाज़ में
देर के गिरे हुए लोगों, डरा दिये गये शहरों का इज्ज़[1] था
जो पुख़्ता हो गया था

उस दिन मैं देर तक उदास रहा
क्या हुस्न था कि ग़ुरूरे-हुस्न[2] भूल गया
इतने बरसों में उस पर क्या बीती
मैंने उस से नहीं पूछा

1. बेबसी, 2. सौन्दर्याभिमान।

सपना आगे जाता कैसे

छोटा-सा इक गाँव था जिस में
दिये थे कम और बहुत अँधेरा
बहुत शजर थे थोड़े घर थे
जिन को था दूरी ने घेरा
इतनी बड़ी तन्हाई थी जिस में
जागता रहता था दिल मेरा
बहुत क़दीम फ़िराक़[1] था जिस में
एक मुक़र्रर[2] हद से आगे
सोच न सकता था दिल मेरा
ऐसी सूरत में फिर दिल को
ध्यान आता किस ख़्वाब में तेरा
राज़ जो हद से बाहर में था
अपना आप दिखाता कैसे
सपने की भी हद थी आख़िर
सपना आगे जाता कैसे

1. पुरातन वियोग, 2. निर्धारित।

ادب کی بات ہے ورنہ منیرؔ سوچو تو
جو شخص سنتا ہے، وہ بول بھی تو سکتا ہے

منیر نیازی

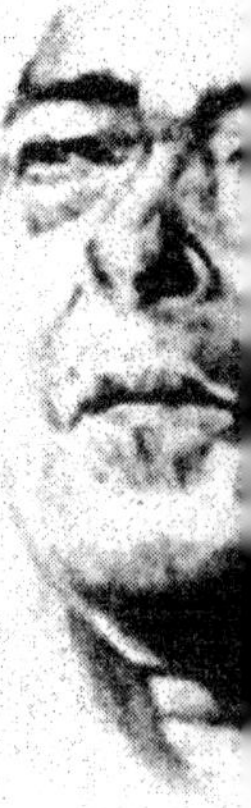

उस वक़्त मैं उस शह्र में मौजूद नहीं था

जिस वक़्त उड़ी बुल्बुल बादल के गरजने से
थर्रायीं हरी शाख़ें बूँदों के बरसने से
मैदां था बहुत ख़ाली मौसम के बदलने से
रोशन था सरे-मैदां[1] इक आग के जलने से
आवाज़ हुई ग़ालिब इस मन्ज़रे-दुनिया पर
इक इल्म नया चमका आसारे-ज़माने पर
जब फिर से मिले दोनों दूरी के मकानों पर
इस वुसअते-हस्ती[2] के मस्तूर[3] ज़मानों में

---

1. पूरा मैदान, 2. विस्तृत संसार, 3. छिपे हुए।

मैं कोई फ़ैसला नहीं कर पाता

बाग़ में जंगल-सा उग आया है
ख़ुद रुईदगी[1] ने ख़ाक के इस टुकड़े में
धूम उठा रखी है
मैं चाहता हूँ ये फिर से एक तर्तीब में आ जाये
...फिर से बाग़ बन जाये
मगर वक़्त गुज़र जाता है और मैं कोई फ़ैसला नहीं कर पाता

1. अपने आप उगने वाले, खर पतवार।

गुमशुदा नन्हा बच्चा

"मेरे बाबा...मेरे बाबा...! तुम कहाँ जा रहे हो ?
ख़ुदा के लिए इतना तेज़ न चलो
बात करो, मेरे बाबा ! अपने नन्हे बच्चे से कोई बात करो,
नहीं तो मैं गुम हो जाऊँगा..."
रात की तारीकी[1] थी, बाप वहाँ नहीं था
बच्चा शबनम से था भीग गया
दलदल गहरी थी और बच्चा रो दिया हो के मजबूर
और फिर धुंद उड़ गयी बहुत दूर

1. अँधेरा।

अब मैं इसे याद बना देना चाहता हूँ

मैं उस की आँखों को देखता रहता हूँ
मगर मेरी समझ में कुछ नहीं आता
मैं उस की बातों को सुनता रहता हूँ
मगर मेरी समझ में कुछ नहीं आता
अब अगर वो कभी मुझ से मिले
ता मैं उस से बात नहीं करूँगा
उस की तरफ़ देखूँगा भी नहीं
मैं कोशिश करूँगा
मेरा दिल कहीं और मुब्तिला[1] हो जाये
अब मैं उसे याद बना देना चाहता हूँ

1. आसक्त, मुग्ध।

कुछ बातें अनकही रहने दो

कुछ बातें अनकही रहने दो
कुछ बातें अनसुनी रहने दो
सब बातें दिल की कह दें अगर फिर बाक़ी क्या रह जायेगा
सब बातें दिल की सुन लें अगर फिर बाक़ी क्या रह जायेगा
इक बोझल बेकली रहने दो
इकरंगी अनबनी दुनिया पर
इक खिड़की अनखुली रहने दो

गाने वाले पंछी की हिज्रत[1]

हरी शाख़ काँप रही है
थोड़ी देर पहले
यहाँ एक अजीब रंग का पंछी बैठा गा रहा था
किसी ने उसे डरा दिया और वो उड़ गया
हरी शाख़ उस के उड़ने के बोझ से काँपी थी
कुछ देर इसी तरह काँपती रहेगी

1. प्रवास।

कहने वाली बात में देर की वज्ह

यही अस्ल हक़ीक़त है
कि मेरी बेरुख़ी चाहत
हुई मिस्ले-क़फ़स[1] मुझ को

'मुझे तुम से मुहब्बत है'
बस इतनी बात कहने में
लगे बारह बरस मुझ को

1. पिंजरे की भाँति।

शबे-माह[1] में सैर के दौरान

एक मकां के दस दरवाज़े
खुले पड़े हैं सारे
अन्दर-बाहर कोई नहीं
कोई चाहे लाख पुकारे

1. चाँदनी रात।

दुश्मनों के दर्मियान शाम

फैलती है शाम देखो डूबता है दिन अजब
आस्मां पर रंग देखो हो गया कैसा ग़ज़ब
खेत हैं और उन में इक रूपोश[1] से दुश्मन का शक
सरसराहट साँप की गंदुम[2] की वहशीगर[3] महक
इक तरफ़ दीवारो-दर और जलती-बुझती बत्तियाँ
इक तरफ़ सर पर खड़ा ये मौत जैसा आस्मां

---

1. चेहरा छिपाये हुए, 2. गेहूँ, 3. उन्मादित करने वाली।

विसाल[1] की ख़्वाहिश

कह भी दे अब वो सब बातें
जो दिल में पोशीदा[2] हैं
सारे रूप दिखा दे मुझ को
जो अब तक नादीदा[3] हैं

एक ही रात के तारे हैं
हम दोनों इस को जानते हैं
दूरी और मजबूरी क्या है
इस को भी पहचानते हैं

क्यूँ फिर दोनों मिल नहीं सकते
क्यूँ ये बन्धन टूटा है
या कोई खोट है तेरे दिल में
या मेरा ग़म झूठा है

---

1. मिलन, 2. छिपी हुई, 3. अनदेखी।

बच्चों जैसी बातें

आज का काम न कल पर टालो
जो कुछ लिखना है लिख डालो
इधर-उधर की झूठी बातें
ज़रा-ज़रा सी जीतें मातें
जाने फिर कब मौत आ जाये
दिल की दिल ही में रह जाये

एक पुरानी रीत

जो भी घर से जाता है
ये कह कर ही जाता है
"देखो, मुझ को भूल न जाना
मैं फिर लौट के आऊँगा
दिल को अच्छे लगने वाले
लाखों तोहफ़े लाऊँगा
नये-नये लोगों की बातें
आ कर तुम्हें सुनाऊँगा"
लेकिन आँखें थक जाती हैं
वो वापस नहीं आता है
लोग बहुत हैं और वो अकेला
उन में गुम हो जाता है

एक रात की बात

बाहर बारिश बरस-बरस कर
मीठे गीत सुनाती है
और कमरे के अन्दर निगहत[1]
मुझ को देखे जाती है
मैं शरमा कर कहता हूँ
"देखो !अच्छी बात नहीं
इस तरह के पागलपन में
बीत न जाये रात कहीं"

1. सुगन्ध, महक।

सदा-ब-सह्रा[1]

चारों सम्त अँधेरा घुप है और घटा घनघोर
वो कहती है "कौन...?"
मैं कहता हूँ "मैं..."
खोलो ये भारी दरवाज़ा
"मुझ को अन्दर आने दो..."
इस के बाद इक लम्बी चुप और तेज़ हवा का शोर

1. जंगल की आवाज़, वह बात जिसकी सुनवाई न हो।

तन्हाई

मैं, निगहत और सूना घर
तेज़ हवा में बजते दर
लम्बे सहन के आख़िर पर
लाल गुलाब का तन्हा फूल

अब मैं और ये सूना घर
तेज़ हवा में बजते दर
दीवरों पर गहरा ग़म
करती है आँखों को नम
गये दिनों की उड़ती धूल

हमेशा देर कर देता हूँ

हमेशा देर कर देता हूँ मैं हर काम करने में
ज़रूरी बात कहनी हो कोई वादा निभाना हो
उसे आवाज़ देनी हो उसे वापस बुलाना हो
हमेशा देर कर देता हूँ मैं
मदद करनी हो उस की, यार की ढारस बँधाना हो
बहुत देरीना[1] रस्तों पर किसी से मिलने जाना हो
हमेशा देर कर देता हूँ मैं
बदलते मौसमों की सैर में दिल को लगाना हो
किसी को याद रखना हो किसी को भूल जाना हो
हमेशा देर कर देता हूँ मैं
किसी को मौत से पहले किसी ग़म से बचाना हो
हक़ीक़त और थी कुछ उस को जा के ये बताना हो
हमेशा देर कर देता हूँ मैं हर काम करने में

1. पुराने।

धूप का चौकोर टुकड़ा

भारी लकड़ी से बने, क़दरे-क़दीमी[1] और मेख़ों से जड़े...
अधखुले दर से परे इक घर पे है
कोई देखे तो ये समझे उस के अन्दर लोग हैं
चलते-फिरते, काम करते, बाहमी बातों में उलझे,
हँसते, गाते और रोते, आम लोगों की तरह
खाते, पीते, ग़ुल मचाते, शह्र के लोगों से ख़ासा रब्त रखते
देर से रहते हैं वो
बाहमी[2] रिश्तों में उलझे
आम लोगों की तरह

---

1. पुराने, 2. आपसी।

वो बहुत ख़ामोश है

वो बहुत ख़ामोश है, तन्हा है वो
आस्मां की सम्त[1] या उस से परे तकता है वो
चुप बहुत ही चुप है वो, तन्हा है वो
दूर है वो मर्ग से, और ज़िन्दगी की क़ैद से
रो रहे और बैन करते लोग हैं
रो रहे हैं और बैन[2] करते शह्र के अफ़राद[3] हैं
देखते हैं उस को, और वो आस्मां पर रहने वाले की तरफ़
बेइल्तिजा[4] और बेतलब[5]
उस को सारे शह्र के सारे मसाइब[6] याद हैं
और उस को देखता है आस्मां पर उस का रब

1. तरफ़, 2. मृतक के गुणों का बयान करके रोना, 3. लोग, व्यक्ति, 4. प्रार्थनारहित, 5. बिना माँग के, 6. आपत्तियाँ, कठिनाइयाँ।

पतझड़

वो दिन भी आने वाला है
जब तेरी इन काली आँखों में हर ज़ज्बा मिट जायेगा

तेरे बाल, जिन्हें देखें-तो
सावन की घनघोर घटायें, आँखों में लहराती आयें
होंठ रसीले
ध्यान में लाखों फूलों की महकार जगायें
वो दिन दूर नहीं जब इन पर
पतझड़ की रुत छा जायेगी
और उस पतझड़ के मौसम की
किसी अकेली शाम की चुप में ?
गये दिनों की याद आयेगी
जैसे कोई किसी जंगल में गीत सुहाने गाता है
...तुझ को पास बुलाता है

ख़िज़ां[1]

हवा की आवाज़
ख़ुश्क पत्तों की सरसराहट से भर गयी है
रविश-रविश[2] पर फ़ुतादा[3] फूलों ने
लाखों नोहे[4] जगा दिये हैं
सिलेटी शामें, बुलन्द पेड़ों पे ग़ुल मचाते
सियाह कव्वों के क़ाफ़िलों से अटी हुई हैं
हर एक जानिब ख़िज़ां के क़ासिद[5] लपक रहे हैं
हर एक जानिब ख़िज़ां की आवाज़ गूँजती है
हर एक बस्ती कशाकशे-मर्गो-ज़िन्दगी[6] से निढाल हो कर
मुसाफ़िरों को पुकारती है कि...'' आओ
मुझ को ख़िज़ां के बेमेहर[7], तल्ख़[8] अहसास से बचाओ'

1. पतझड़, 2. बाग़ में बने रास्ते, 3. गिरे हुए, 4. शोक विलाप, 5. दूत, 6. जीवन और मृत्यु की खींचतान, 7. करुणाहीन, 8. कटु।

मैं जैसा बचपन में था

मैं जैसा बचपन में था
उसी तरह मैं अब तक हूँ
खिले बाग़ को देख-देख कर
बुरी तरह हैरान
आस-पास मिरे क्या होता है
इस सब से अनजान

ऐसी कई शामें

अभी सर्द, बोझल हवा जी उठेगी
अभी नारियल के दरख़्तों पे, साहिल पे
छा जायेगा इक नशीला अँधेरा
मुअत्तर[1] लबों, मध भरी धीमी बातों
के अंबोह[2] हर सम्त आवारा होंगे
अभी आरज़ूओं के बेहर्फ़ कत्बे[3]
उभर आयेंगे
बेगुलो-बर्ग[4] यादों की उजड़ी हुई बस्तियों से
यहीं तीरगी[5] में,
मैं चुपचाप गुज़रे ज़मानों की क़ब्रों को गिनता रहूँगा
बहुत दूर...ज़ुल्मत[6] के क़ासिद[7] सितारे चमकते रहेंगे

---

1. सुवासित, 2. झुंड, 3. वह पत्थर जो किसी क़ब्र या इमारत पर लगाया जाता है, जिसम मरने वाले का नाम और मरने की तारीख या मकान आदि के बनने का विवरण दिया जाता है, 4. फूल पत्ती रहित, 5. अन्धकार, 6. अँधेरा, 7. दूत।

हज़ार दास्तान

जिधर भी देखें
महकते होंठों के सुर्ख़[1] गुलशन खिले हुए हैं
जहाँ भी जायें
हया[2] के नश्शे से चूर आँखें
दिलों में गहरी उदासियों को उतारती हैं
हज़ार गोशे[3] हैं
जिन से पागल बनाने वाली
सियाह[4] ज़ुल्फ़ों की मस्त ख़ुशबू उमड़ रही है
मगर वो इक ऐसा प्यारा चेहरा
जो एक रुत के उदास झोंके
के साथ आ कर
चला गया है !

1. लाल, 2. लज्जा, 3. कोने, कोण, 4. काली।

सह्र हो गयी

सूरज चढ़ा
कमरा तिरा
रोशन हुआ
बादे-सह्र[1]
चलने लगी
शाख़े-शजर[2]
हिलने लगी
ताइर[3] कोई
बोला कहीं
मुश्किल में है
बाहर तिरा
जाने-वफ़ा
पर्दा उठा
बाहर निकल
ज़ाहिर में आ

1. सुब्ह की हवा, 2. पेड़ की शाखा, 3. पक्षी।

दरख़्त बारिश में भीगते हैं

कि जैसे भटके हुए मुसाफ़िर
दरख़्त बन कर खड़े हुए हैं
इक और मन्ज़र में जा बसेंगे
कुछ इस तरह से रुके हुए हैं
ज़रा-सी मुहलत जो मिल गयी है
ख़राबियाँ उन में आ गयी हैं
जो फ़ासले उन के बीच में हैं
उदासियाँ उन में उग रही हैं
कोई फ़साना-सा है ये मन्ज़र
ख़राबो-ख़ूबे-जहाने[1]-साबित
फ़ना[2] बक़ा[3] सारे साथ मिल कर
जिसे बिखरने से रोकते हैं
दरख़्त बारिश में भीगते हैं

---

1. निकृष्ट और श्रेष्ठ समग्र संसार, 2. नश्वरता, 3. नित्यता, अनश्वरता।

सूरज ग्रहन के दिन

बामे-बुलन्दे-ग़म[1] से
मौसम गुज़र रहे हैं

इक-इक सदी का लम्हा
रफ़्तार तेज़ ऐसी
बातें समझ न आयें
गुफ़्तार तेज़ ऐसी

बनने से पेशतर ही
मन्ज़र बिखर रहे हैं
अनहोनियाँ बहुत हैं
इन मौसमों के अन्दर
जिन का गुमां नहीं है
वो बर्क़वश[2] मनाज़िल[3]
हैं इन रुतों के अन्दर

इक सम्त मैं कहीं पर
शबरेज़[4] साअतों[5] में

---

1. दुख की ऊँची छत, 2. बिजली की भाँति चंचल, चपल और तेज़, 3. मंज़िल का बहुवचन, गन्तव्य, 4. रात को बहाने वाला, 5. क्षणों।

रस्ता दिखाने वाली
इक शै चमक रही है

इक सम्त मैं कहीं पर
सदियों की कजरवी में

गुमराह आदमी को
कोशिश भटक रही है

नया साल

नया साल आया है
वीरान सुब्हों की नीली तहों से उभरता
ख़याबानो-दश्तो-जबल[1] की ठिठरती ख़मोशी में
बर्फ़ीली सीटी बजाता,
दबे पाँव आया
यख़ आलूदा[2] शामों की ख़ामोशियाँ
उस के क़दमों की आहट समेटे
गुज़रगाहों पर, सायबानों में नौहाकनां[3] हैं
दर आती है शब को दरीचों की दर्ज़ों[4] से
पुरशोर झोंकों की बेमेह्र ठंडक
बरुदतज़दा[5] पानियों पर, परिन्दे
किनारों पे इस्तादा[6] पेड़ों की नमनाक[7] शाख़ों की जानिब[8]
उड़े जा रहे हैं
मकीं आँगनों में, छतों पर
धड़कते दिलों में हज़ारों ख़यालों की शम्एं जलाये
दबे पाँव आते हुए साल को देखते हैं

❑❑

---

1. उद्यान, जंगल और पहाड़, 2. बर्फ़ से सनी हुई, 3. विलाप करती हुई, 4. दरारों, 5. शीतग्रस्त, 6. सीधे खड़े, 7. गीली, 8. तरफ़।